GUSTAVE DE CHAPUYS-MONTLAVILLE,

DÉPUTÉ DE SAONE-&-LOIRE,

PAR

AIMÉ GUILLABERT,

Sous-Préfet d'Ambert.

Brevis vita, æternus amor.

MACON,
IMPRIMERIE D'ÉMILE PROTAT, RUE DE LA BARRE.

La tombe vient à peine de se fermer sur M. Gustave de Chapuys-Montlaville. Sa vie appartient désormais à l'histoire du département.

Ces quelques notes éparses ne sont donc pas une biographie ; nous les avons réunies pieusement pour en faire hommage à sa mémoire comme un bouquet de deuil que nous déposerions dans sa chapelle mortuaire. C'est une esquisse faite rapidement, à grands traits, à travers les larmes ; elle n'en sera pas moins ressemblante, car elle est tracée par une main amie, et nous espérons, par cela seul, qu'elle sera chère à tous ceux qui ont connu cet homme sympathique, c'est-à-dire à tous ceux qui l'ont aimé.

Antoine-Gustave de Chapuys-Montlaville est né le 13 décembre 1824.

Il grandit au milieu de sa famille qui lui donna l'exemple de toutes les vertus et lui transmit les saines traditions de l'honnêteté et de l'honneur. Sa mère, l'ange du foyer, veilla avec sollicitude sur son enfance ; elle lui donna cette éducation première qui est l'initiation des âmes d'élite, et elle lui inspira cette religion sincère, cette foi inébranlable et cet amour du devoir dont il ne s'est jamais départi. Les leçons maternelles portèrent leurs fruits , et , pendant ses études à l'institution ecclésiastique de Vaugirard , il fut toujours cité parmi les élèves les plus pieux et les plus studieux. Aussi fut-il dignement apprécié par l'abbé Place, ce savant professeur que son mérite devait plus tard élever jusqu'au siége épiscopal de Marseille.

Ses études terminées, il revint habiter dans l'arrondissement de Louhans, dont son père était le député depuis de nombreuses années. On l'accueillit tout d'abord avec bonheur, comme un enfant du pays, et bientôt le pays tout entier l'aima, car il avait cette douceur et cette affabilité de manières qui dénotent une nature distinguée. En un mot, il avait le charme. Les électeurs lui firent partager l'affection qu'ils avaient pour son père, et il avait à peine vingt-deux ans qu'il fut nommé, à l'élection, chef de bataillon de la garde nationale de Lugny.

Maire de Chardonnay en 1849, il administra cette commune pendant des temps difficiles ; il sut la préserver des mauvaises passions et des fausses doctrines et maintint haut et ferme le drapeau de l'ordre. Le Prince-Président, qui se connaissait en hommes, remarqua les qualités du jeune administrateur, et, le 2 décembre 1851 , il le nomma sous-préfet de Nantua ; puis, un an après , sous-préfet de Trévoux.

Gustave de Chapuys-Montlaville se montra digne d'une pareille faveur, et dans ces deux postes il se distingua par son zèle. Etudiant à fond les intérêts si divers du département de l'Ain, il fit un rapport très-étendu sur l'assainissement des étangs de la Dombes et parvint à élucider cette question si complexe. Ce travail fut justement remarqué , et pour l'en récompenser il fut nommé sous-préfet à Brignoles.

C'était en 1854, une de ces dates funèbres pour le midi de la France. Le choléra ravageait le département du Var et recommençait ces tristes hécatombes dont il est toujours si insatiable. Gustave de Chapuys-Montlaville n'écoute que son cœur, il vole où le devoir l'appelle, organise le service sanitaire. Jour et nuit il se multiplie ; il rassure par sa présence les populations effrayées ; il visite les malades et leur donne des secours et des consolations. La croix de la Légion d'honneur fut le prix de son dévouement et de son courage. Il l'avait bien gagnée.

Sur ces entrefaites, sa mère mourut. Perte irréparable et qui plongeait son père dans le plus profond désespoir. Son amour filial n'hésita pas un instant : il se fit mettre en disponibilité afin de pouvoir consacrer tout son temps à consoler son père. Ils passèrent de longs jours, bien tristes, priant pour leur chère morte. Il songea alors à se marier ; il pensait que la présence d'une jeune femme et le sourire de petits enfants seraient un rayon de soleil dans cet intérieur assombri. Cette union ne fut pas heureuse ; il n'y trouva pas le bonheur qu'il était en droit d'attendre. Il refoula alors les aspirations de son cœur, et, au lieu de chercher dans les plaisirs une diversion à ses chagrins, il se dévoua à faire le bien et il n'en mit que plus de persistance à répandre les bienfaits autour de lui.

Quand, dans la campagne, on le voyait passer sur son cheval qu'il maniait avec tant d'élégance, on pouvait être sûr qu'il ne courait ainsi que pour arriver plus tôt auprès d'un pauvre malade ou d'une infortune à soulager. Il suivait en cela les pieuses traces de sa mère et les traditions d'une famille qui porte dans ses armes un pélican avec cette devise : *miseris succurrere disco.* Bon sang ne pouvait mentir. Il était la providence du pays. Les habitants aimaient à le consulter, car il les écoutait avec bienveillance et ne les renvoyait jamais sans de bonnes paroles. Ils l'aimaient tous ; ils regardaient sa présence comme une bénédiction du ciel, et du plus loin qu'ils l'apercevaient ils accouraient pour saluer *le jeune sénateur*, car c'est ainsi qu'ils l'appelaient. Ils pensaient que, partageant les qualités et les vertus de son père, il devait aussi partager ses dignités, et, dans leur naïf langage, ils lui donnaient ce titre qui aurait été un jour le couronnement d'une carrière si bien remplie.

Mais son esprit actif ne s'endormait pas dans les loisirs de cette vie douce et facile. Habitué par son père à la politique militante, il l'accompagnait dans ses voyages et étudiait sérieusement les intérêts du département. Il se fit ainsi adopter de tous les amis de son père, qui devinrent bientôt les siens ; et lorsqu'il s'agit de nommer un député dans l'arrondissement de Louhans, les électeurs pensèrent naturellement à lui. Dès qu'elle sut que cette candidature sympathique au pays serait sans doute patronnée par le gouvernement de l'Empereur, l'opposition n'osa pas entrer ouvertement en lutte : elle se retira dans la crainte d'un formidable échec. La victoire ne fut donc pas un seul instant douteuse, et Gustave de Chapuys-Montlaville fut nommé à la presque unanimité des suffrages.

Quoique un des plus jeunes de la Chambre, il sut de suite y marquer sa place par la maturité de son jugement et la loyauté de son caractère. Sa nature noble, élevée, lui attira d'illustres amitiés qui voyaient en lui un député d'avenir. Sa religion politique se résumait dans cette phrase qu'il aimait à dire et qui est toute une profession de foi : « Je n'ai jamais servi que le temps moderne ; je suis de cette jeunesse qui veut l'Empire et qui l'accompagnera sans faiblesse dans la voie du progrès. »

Assidu aux séances de la Chambre, il se préparait aux débats parlementaires en écoutant attentivement nos grands orateurs; et, en attendant qu'il pût affronter le grand jour de la tribune, il se formait dans le travail des bureaux et y donnait des preuves de ses hautes capacités. Dans l'intervalle des sessions, il revenait avec bonheur s'imprégner de l'air du pays, et ne restait étranger à aucune question d'intérêt local. Sans cesse au milieu de ses électeurs, il se pénétrait de leurs besoins, il les éclairait de ses idées et mettait toujours à leur disposition ses conseils et son crédit.

Tout en s'adonnant au côté pratique des affaires, il ne négligeait point les arts. Il ravivait chez les habitants de Tournus le souvenir de Greuze; il obtenait pour la ville l'autorisation d'élever une statue au peintre populaire; et, aidé de son ami Arsène Houssaye, il organisa une souscription qui trouva partout de nombreux adhérents. A une époque prochaine la statue sera inaugurée, et celui qui a apporté la première pierre du piédestal ne sera pas là pour assister à la réalisation de son idée.

Sa liaison avec Arsène Houssaye ne datait que de quelques années, mais le maître avait su découvrir sous des apparences modestes le goût inné de l'art et du beau en toutes choses, car l'idéal était l'objet de la recherche et de l'admiration de M. de Chapuys-Montlaville. Il y avait dans son intelligence, comme dans sa conduite, un ordre parfait; il disait quelquefois que l'ordre magnifique qui règne dans l'Univers doit se reproduire partout, et son esprit se fixait naturellement sur tout ce qui se rapprochait du type éternel du bon et du beau.

Rappellerons-nous l'étude remarquable qu'il publia, dans la *Revue du XIXe siècle*, sur l'église de Tournus, ce monument historique, une des œuvres les plus pures de l'architecture romane. Ce travail lui valut les suffrages les plus flatteurs, et l'Académie de Mâcon lui décerna à l'unanimité le titre de membre correspondant.

C'est ainsi qu'il s'occupait dans la retraite forcée que lui imposait le soin de sa santé. Les médecins lui avaient recommandé le calme le plus complet, le silence le plus absolu, et si quelque chose pouvait lui faire supporter son espèce de captivité, c'était l'empressement avec lequel on s'intéressait à lui, c'étaient les témoignages d'affection qui lui arrivaient de toutes parts. Dans tous les comices on faisait des souhaits pour son rétablissement, et la fête n'eût pas été complète si l'on n'eût pas porté sa santé. On trouvait que la convalescence était bien lente à venir, et, au dernier concours agricole qui eût lieu à Varennes-Saint-Sauveur, M. Saulnier, président de l'Académie de Mâcon, dépeignait véritablement l'émotion générale lorsqu'il adressait à M. le Sénateur l'allocution suivante :

Au concours de Lugny, j'ai eu l'honneur de vous rendre hommage au nom de l'Académie de Mâcon ; aujourd'hui, quoique je ne sois qu'un simple invité, j'ose de nouveau m'adresser à vous, car je viens vous parler d'une personne qui nous est bien chère à tous et qui vous est encore plus chère.

Sa pensée est dans tous les cœurs, son nom est sur toutes les lèvres, et je suis l'interprète de toutes les sympathies lorsque je vous exprime nos regrets de ne pas posséder ici le député de cet arrondissement, M. Gustave de Chapuys-Montlaville.

Nous aurions été heureux de le voir à vos côtés, partageant vos honneurs ; nous aurions été charmés de l'entendre parler avec cette conviction profonde, cet entraînement et cette parole ardente que nous admirons en son père.

Nous savons que la maladie le retient loin de nous, mais nous avons l'espoir que, grâce à vos bons soins, il nous reviendra bientôt plein de santé.

Varennes est unanime pour lui dans son affection ainsi que dans ses suffrages, et nous sommes certains qu'il sera guéri tout à fait dès que nos acclamations lui parviendront comme un écho de la fête.

Vous avez vu, Monsieur le Sénateur, avec quel empressement on a salué votre arrivée, avec quel enthousiasme on vous a accueilli. Sur votre route honorée, vous avez moissonné bien des hommages. Vous allez l'emporter avec vous, cette douce moisson, et nous vous prions d'en offrir les plus belles gerbes à votre fils.

Présentez-les-lui comme un témoignage de notre dévouement, dites-lui les vœux sincères que nous faisons pour sa prompte guérison, dites-lui surtout que nous l'aimons comme il nous aime.

A la santé de votre fils, au député de l'arrondissement !

Gustave de Chapuys-Montlaville s'était révélé comme orateur dans plusieurs de ces solennités agricoles. Aux comices qu'il présida à Louhans et à Saint-Gengoux, il avait prononcé deux discours qui firent sensation : l'un avait pour objet l'histoire du vin, et l'autre celle de la musique, ses développements successifs et son influence civilisatrice. Ces discours portaient le cachet original de son talent ; ils étaient pleins d'aperçus nouveaux, de savantes recherches, et le style était d'une charmante élégance.

Dans son isolement, ce qui pesait le plus à l'honorable député c'était de ne pouvoir aller s'entretenir avec ses chers électeurs. Il voulut leur prouver qu'il ne les oubliait pas et qu'il vivait toujours au milieu d'eux par la pensée ; il résolut donc de leur adresser un compte rendu des travaux du Corps législatif pendant les trois premières années de la législature actuelle. Il se mit courageusement à l'œuvre et , malgré ses souffrances , il eut la force de terminer ce travail qui devait être pour nous son testament politique.

En exposant à ses mandataires sa conduite politique , en soumettant à leur jugement l'usage que , dans son indépendance , il a cru devoir faire du mandat qu'ils lui ont confié , il examinait brièvement , et avec autant de netteté que de franchise , les questions sur lesquelles le Corps législatif a été appelé à se prononcer. En quelques pages , qui témoignent un sens aussi éclairé que sage , il appréciait successivement les bienfaits de ces réformes considérables dont la discussion a élevé si haut les débats de notre Assemblée législative. La loi sur les attributions des Conseils généraux , celle relative aux Conseils de Préfecture , la loi sur l'enseignement spécial , la loi sur les coalitions , sur la mise en liberté provisoire , sur la propriété littéraire , sur la caisse de la vieillesse , sur les chemins de fer d'intérêt local , sont analysées par lui , en peu de mots , qui en font comprendre la portée et qui prévoient leur avenir fécond.

A côté de cet examen du passé , l'honorable député indiquait à ses électeurs les sentiments qui guideraient sa conduite dans les sessions prochaines. La mort l'a soudainement arrêté dans la voie qu'il s'était tracée , mais sa pensée est utile à connaître. Elle est à peu près résumée dans ces lignes , qui montrent avec quelle loyauté il comprenait le double devoir qui le liait par serment au Gouvernement et par honneur à ses mandataires :

Je me suis rarement écarté des vues du Gouvernement parce que, dans ma conviction la plus profonde, jamais Gouvernement ne fut plus attentif à rechercher ce qui peut contribuer à la prospérité générale du pays et ce que réclame de lui et des grands pouvoirs de l'Etat l'opinion publique.

Un député, qui siége sur les bancs de l'opposition et dirige un journal politique à Paris, l'honorable M. Guéroult, écrivait, le lendemain du jour célèbre où la médiation fut annoncée : « On » ne marchande pas la gloire à qui la mérite si bien ! »

A mon tour, en applaudissant à ces loyales paroles inscrites en tête des colonnes de sa feuille, je dirai : Je n'ai jamais marchandé ma confiance à un Gouvernement qui la mérite si bien !

Je vous l'annonçais tout à l'heure, mes chers compatriotes, je ne vous cacherai jamais mes appréciations quelles qu'elles soient, et c'est, je crois. la meilleure manière de répondre à vos sentiments.

Autrefois, selon Machiavel et son école, le grand art en politique était de voiler sa pensée et de passer pour ce que l'on n'était pas. — Aujourd'hui, c'est le contraire : celui-là est habile qui marche à découvert et parvient à passer pour ce qu'il est.

Je suis demeuré le maitre de mon indépendance. Elle est dans mon caractère. D'ailleurs, le Gouvernement a pour principe de laisser une libre carrière à toutes les opinions et de ne gêner la conscience de personne.

En terminant, M. de Chapuys-Montlaville annonçait à ses électeurs qu'il leur soumettrait un nouveau compte rendu des travaux du Corps législatif à l'époque où expirerait son mandat : « Mon premier soin, disait-il, sera toujours de me mettre en rapport fréquent avec vous et de me pénétrer de votre pensée, de même·que, par un juste retour, vous pourrez vous pénétrer de celle que j'aurai recueillie dans mes rapports avec le Gouvernement et dans les discussions du Corps législatif. »

Etre ainsi l'intermédiaire entre les légitimes aspirations des gouvernés et l'autorité prévoyante du Gouvernement; apporter au pouvoir l'expression des besoins et des désirs du peuple, mais faire connaître à celui-ci les efforts de l'initiative souveraine, n'était-ce pas remplir dignement la haute mission de député? Et par la loyauté, la dignité de son langage, ne pouvait-on pas préjuger qu'il prendrait bientôt place parmi les hommes éminents de la Chambre?

La mort, hélas, devait en décider autrement !

Le mal qui le minait sourdement fit tout à coup de rapides progrès et les remèdes devinrent impuissants pour les combattre. Tout en voyant approcher sa fin avec une ineffable résignation, il sentait le vide affreux qu'il laisserait après lui, et souvent il disait à son père éploré : « Ne t'afflige pas, souviens-toi de ces paroles de ma sainte mère : « La » mort est un acte régulier de la vie; nous ne faisons que » traverser la terre pour nous retrouver et nous réunir » éternellement dans le ciel. »

Le matin du dernier jour, un secret pressentiment l'avertit que tout était fini; il interrogeait son pouls, en comptait les battements, et, avec le sang-froid d'un médecin impassible au chevet d'un malade, il écoutait progresser lentement sa propre désorganisation. Quand il sentit le pouls se ralentir et sa respiration s'embarrasser : « Faites venir mon brave curé, » dit-il.

Comme il était préparé à ce grand acte, il put accomplir les derniers devoirs du chrétien. Après la cérémonie, il parut un peu abattu; il semblait absorbé dans ce recueillement qui saisit le voyageur lorsqu'il va pour la première fois s'embarquer sur la mer immense. Quand il sortit de son rêve, il aperçut son père qui priait; il lui fit signe d'approcher; il l'embrassa tout entier dans un regard suprême. Son père pleurait; il lui serra la main, ce fut son dernier effort. Puis sa tête se renversa, ses yeux se fermèrent et il s'endormit doucement dans la mort.

Le 18 octobre eurent lieu les funérailles. Un grand concours d'amis venus de tous les points du département, et tous les habitants des communes environnantes s'étaient empressés d'accourir pour rendre les derniers devoirs à leur cher député. L'église de Chardonnay était trop étroite pour contenir la foule des assistants. Les villes de Mâcon, Louhans, Tournus, étaient représentées par leurs principales notabilités. On remarquait M. Bouillet, secrétaire général de la Préfecture, qui remplaçait M. le Préfet, en ce moment en congé; M. le Général commandant le département, M. le Receveur général, M. le Procureur impérial de Mâcon, M. l'Inspecteur d'Académie, M. le Sous-Préfet et M. le Maire de Louhans, plusieurs membres du Conseil général et du Conseil de Préfecture, un grand nombre de prêtres de Mâcon et des localités voisines.

Après le service, le funèbre cortége, escorté par les compagnies de sapeurs-pompiers de Chardonnay, d'Uchizy, de Lugny et de Tournus, se dirigea vers la chapelle construite dans l'enceinte du parc et abritant les tombeaux de la famille. Il pleuvait, la brume obscurcissait l'horizon; on eût dit que la nature elle-même voulait s'associer à ce deuil. M. le Sénateur suivait, anéanti, le cercueil de son fils. Partout sur son passage les larmes répondaient à ses larmes. Témoins de sa douleur, ses amis avaient vainement insisté pour l'éloigner. Son amour paternel lui faisait supporter ces cruelles épreuves, et sa piété chrétienne lui donnait encore la force de gravir jusqu'au sommet le triste calvaire.

Quand le clergé eut prononcé les dernières prières, M. le Secrétaire général, avec son talent habituel et cette éloquence émue qui part du cœur, retraça la carrière administrative et politique de M. Gustave de Chapuys-Montlaville et les services qu'il avait rendus, et M. le docteur Palanchon exprima, au nom des amis absents, les regrets inspirés par cette belle existence si promptement brisée.

M. le Sénateur essaya de remercier ses amis, mais c'était trop d'émotions pour ce pauvre père : il éclata en sanglots. Puis, à la vue de son petit-fils, de cet enfant qui n'avait plus de soutien qu'en lui, il refoula ses larmes ; il s'avança lentement et alla prendre la croix et l'épée qui étaient sur le cercueil. Il les baisa avec dévotion, et les remettant à son petit-fils il lui dit : « Voici la croix de ton père, tâche de la mériter un jour. Voici son épée, souviens-toi de ne la tirer jamais que pour l'honneur de la France et le service de l'Empereur. »

Ces paroles touchantes, la solennité de la scène impressionnèrent profondément la foule qui se retira en silence, laissant ce malheureux père abîmé dans sa douleur.

Ses intimes n'essayèrent pas de l'apaiser ; il n'y a pas d'apaisements pour les cœurs meurtris.

Les plus grandes preuves d'affection et de dévouement ne lui ont pas manqué pendant ces jours néfastes ; et, quoique éloignés, ses amis se sont empressés de lui envoyer l'expression de leurs regrets. Nous citerons parmi ces lettres les deux suivantes :

MON CHER AMI,

J'ai été bien vivement frappé par ce coup inattendu. Je ne puis croire encore que cette charmante figure tout illuminée de bonté et d'intelligence ne soit plus de ce monde. Je croyais partir avant Gustave. C'est un des morts aimés qui me feront le chemin plus doux. Je sais trop tous les déchirements de votre cœur pour vous parler de consolations ; il n'y en a pas, hormis celle de se retrouver. Mais en attendant, on porte en soi une blessure qui saigne toujours, voilà pourquoi toutes nos vanités tombent devant Dieu. Je vous serre tristement, bien tristement les deux mains.

Arsène HOUSSAYE.

———

MON CHER COLLÈGUE,

Je recevais, il y a deux jours, une lettre de votre malheureux fils· et je me disposais à lui répondre lorsque le télégraphe m'apporte la foudroyante nouvelle de sa mort. Je ne sais pas de consolations pour un malheur aussi affreux, mais c'est un besoin du cœur pour moi de vous dire et mes sympathies pour votre douleur et mes regrets profonds et personnels à la pensée de celui qui n'est plus·

J'avais apprécié à leur valeur et l'élévation de son caractère et la riche noblesse de son cœur. Je vais lire avec un sentiment religieux les dernières lignes qu'il a tracées.

Recevez, mon cher Chapuys-Montlaville, l'assurance de mes sentiments les plus affectueux.

ROUHER.

Nous terminerons en citant la lettre autographe de Sa Majesté l'Empereur.

Palais de Saint-Cloud, 24 octobre 1866.

Mon Cher de Chapuys-Montlaville ;

A mon retour de Biarritz, on me remet la lettre par laquelle vous m'annoncez la perte douloureuse que vous et moi nous venons de faire. La mort qui vous prend un fils, m'enlève un ami véritable. J'avais apprécié son mérite et je savais combien je pouvais compter sur son dévouement. Je suis touché d'en retrouver l'expression dans les dernières lignes écrites de sa main.

Recevez, avec mes vifs regrets, l'assurance de mes sentiments.

NAPOLÉON.

Une pareille lettre honore également le Souverain qui l'a écrite et le sujet fidèle à qui elle est adressée. C'est un nouveau titre de noblesse pour la maison de Chapuys-Montlaville..

Dimanche dernier, le Sénateur et moi montions à la chapelle du château ; nous étions entourés de tous les serviteurs de la maison, et mon vénérable ami semblait un de ces patriarches de la bible ; naguère, ayant à ses côtés son fils chéri, heureux et fier, il suivait le même chemin pour aller remercier Dieu de ses bienfaits ; maintenant, le malheur s'est appesanti sur sa belle tête blanche ; il monte à la chapelle où reposent tous ceux qu'il a aimés ; il monte abattu, sanglotant, le cœur brisé, et il dit : « Mon Dieu, vous m'aviez donné un fils qui était tout pour moi sur la terre ; mon Dieu, vous me l'avez ôté. Que votre volonté soit faite, mais pardonnez-moi de ne pouvoir sans désespoir supporter votre arrêt ! »

Je suivais, ne sachant que pleurer avec lui. Arrivé à la chapelle, quand la messe commença, le Sénateur me passa son livre et, sur la première feuille de ce magnifique missel, je lus une lettre de Gustave à son père ; cette lettre est si bien l'expression de cette affection sainte qui unissait le père et le fils ; elle peint si bien l'âme tendre de celui que nous avons perdu, que je la reproduis textuellement dans cette notice. Heureux les pères ainsi aimés ; bénis soient les fils qui aiment ainsi !

Mon Cher Père,

En t'offrant ce livre d'Heures le premier jour de l'année, je ne te dirai pas : Pense à moi le dimanche à l'heure de la prière, parce que tu me prouves à chaque instant du jour que tu es sans cesse occupé de moi ; mais tu me permettras de te remercier de tout ce que tu fais pour ton cher fils, et de te renouveler l'assurance d'une tendresse qui s'est augmentée de toute celle que te portait ma mère absente.

Les vœux que je forme pour toi sont bien simples et bien naturels ; ils sont d'autant plus dignes d'être exaucés qu'ils partent d'un cœur sincère et reconnaissant.

Tu fais le bien dans toute l'acception du terme, tu prends à tâche de soulager les malheureux, ceux qui souffrent, quelles que soient leurs douleurs. Ta vie est utile, c'est pourquoi le ciel la ménage.

De mon côté, je m'efforcerai de t'imiter et je continuerai à t'entourer de mon extrême dévouement.

Que ces Heures de la nouvelle année nous soient propices !

Il ne faut pas désirer être exempts de misères, car il est dans la condition humaine de souffrir, et c'est un des moyens dont Dieu se sert pour nous rappeler à l'imitation de Jésus-Christ ; mais il est permis de solliciter la grâce de supporter à deux nos misères sans nous plaindre.

Que la miséricorde divine te donne la paix, le contentement, et qu'elle te garde longtemps, longtemps pour mon bonheur et ma joie.

Gustave de **CHAPUYS-MONTLAVILLE**.

Paris, ce 31 décembre 1861.

Si nous osions élever la voix au milieu de l'expansion des regrets universels, nous dirions à ce malheureux père : Oui, votre douleur est de celles dont on ne guérit pas ; oui, vous avez tout perdu en perdant votre fils, mais la religion vous inspirera la force de lui survivre. Votre amour pour lui vous impose de grands devoirs, vivez pour son enfant, afin de lui apprendre à se montrer digne du nom qu'il porte. Regardez autour de vous, vous y verrez vos amis et vos obligés. C'est une grande famille qui a des milliers de cœurs pour vous chérir. Conservez-vous aussi pour elle, car vous pourrez toujours contribuer puissamment à son bonheur et au bien de votre pays.

Aimé **GUILLABERT**.